Rainer Lange

AF176577

Jesus war natürlich Vegetarier!

Sowie die spirituelle Sicht
auf den Verstoß
gegen die Naturgesetze

Impressum:
Teilweise Auszug aus meinem Buch:
„Vegetarier braucht die Welt."

ISBN Taschenbuch: 978-3-756-208-760

ISBN ebook: 978 3-756-286-140

sowie Hörfassung bei Audible

© 2022 by Rainer Lange - Erstausgabe
© Rainer Lange - Alle Rechte vorbehalten.

Internet: **www.Rainer-Lange.org**
e-mail: mail@rainer-lange.org

Herstellung und Verlag:
BoD – Books on Demand, Norderstedt

Cover/Umschlaggestaltung:

Nikolaj Lange

Inhalt

Jesus war natürlich Vegetarier

Ich habe mich immer gefragt, wie es denn nur sein kann, dass Jesus, der doch ein Aspekt Gottes ist, seine eigene Schöpfung tötet, damit die Menschheit sie anschließend aufessen kann.

So etwas Barbarisches konnte ich mir niemals von ihm vorstellen! Dies hätte mein ganzes Glaubens- und Weltbild zerstört!

Und das obendrein ja auch noch, obwohl er den Tieren Gefühle bzw. ein sehr ausgeprägtes Schmerzempfinden mitgegeben hat. Mit teilweise noch höher entwickelten Wahrnehmungs-Organen ausgestattet, als wir Menschen sie haben.

Für mich stand es *immer* fest, dass so etwas nicht angehen kann, dies im vollkommenen Widerspruch zu unserer heutigen Lebenspraxis steht, und damit auch zu meinem Gefühl zu Jesus - zu Gott!

Die alten Texte mussten also verfälscht oder sonst irgendwie falsch überliefert worden sein! Und das es schon gar nicht so sein kann, wie die Kirche und deren „Gläubigen" beteuern, nämlich dass Tiere bedenkenlos getötet und gegessen werden könnten, da sie lediglich zu diesem Zweck erschaffen worden seien!

Wäre dem so, dann würden auch mein Rechtsempfinden und meine Maßstäbe von Gut und Böse total durcheinander geraten.

Was für ein Hohn, Zynismus und Frevel!
Die Tiere sind doch allesamt beseelte Wesen, wie wir Menschen auch! Die Seele kennt keinen Unterschied, ob sie nun einem Menschen- oder einem Tierkörper zugehörig ist.

Für die Seele spielt es zunächst überhaupt keine Rolle, ob sie als Mensch oder als Tier inkarniert. In jedem Fall geht es darum, Erfahrungen zu machen.

Karmabedingt werden jedoch zunehmend mehr Menschen in Zukunft *als Tiere wiedergeboren* werden, da infolge der Massentierhaltungen, die jetzt noch uneinsichtigen Seelen einfach erfahren müssen, wie es sich anfühlt, in Schlachthäusern unermesslichen Qualen ausgesetzt zu sein.

Also habe ich recherchiert und dabei herausgefunden, dass schon in sehr frühen Zeiten die Bibel verzerrt bzw. verfälscht worden sein muss!

An anderer Stelle habe ich ja bereits beschrieben, mit welcher krimineller Energie das Thema „Reinkarnation" neben dem Vegetarismus aus der Bibel verschwinden sollte, und welche unglaublichen Machenschaften von **Theodora**, der Frau Kaiser **Justinians**, dabei inszeniert wurden. Sie ließ ihre Aktivitäten wüten und ließ auch frühere Beziehungen spielen, um ihren ungezügelten Machthunger umzusetzen.

Sämtliche Leute, die das Konsumieren von Fleisch rechtfertigen und es gutheißen, dass andere Wesen wegen ihrer Gaumenfreuden getötet werden, begründen dies mit dem Beteuern, Jesus hätte doch ebenfalls Fleisch gegessen.

Nein, für Wurst und Braten hat Jesus *niemals* eine Rechtfertigung abgegeben, auch wenn sein Name ständig dafür missbraucht wird.

Noch heute wird die aramäische Urfassung der Heiligen Schrift in den Archiven des Vatikans unter Verschluss gehalten.

Nach der Aussage von *Edmond Szekely*, dem Übersetzer dieses Werkes, sei die Altslawische Fassung eine Originalübersetzung der Urfassung.

Jesus' „Lieblingsjünger", Johannes, hat mit penibler Genauigkeit all' das, was Jesus von sich gab, zu Papier gebracht.
Doch in dieser Aramäischen Urfassung des Johannes-Evangeliums, wird uns das Leben und Handeln Jesus vollkommen anders dargestellt, als man es uns heute auftischen will bzw. uns dies heute aus dem Neuen Testament bekannt ist.
Diese Schriften gelangten auf sehr ungewöhnliche Weise nach Europa:

Der Text wurde im 1. Jahrhundert nach Christus aufgeschrieben und dann über 1.000 Jahre lang in einem Kloster in Asien aufbewahrt. Dieser sollte dort vor Fälschern geschützt werden. Chinesische Priester haben ihn vor den Kriegern Dschingis Khans nach Europa hinübergerettet und in Altslawischer Übersetzung in der Königlichen Bibliothek der Habsburger in Wien aufbewahrt, während sich die aramäische Urfassung noch heute in den Archiven des Vatikans befindet!

Ich fühle mich nicht zu dem Glauben verpflichtet,
dass derselbe Gott,
der uns mit Sinnen, Vernunft und Verstand
ausgestattet hat,
von uns verlangt,
dieselben nicht zu benutzen.

Galileo Galilei

Der römische *Kaiser* **Konstantin** (der Große), berief ja bekanntlich im Jahre **325** das Konzil von Nicäa ein.

Nicäa war eine kleine Stadt bei Konstantinopel, dem heutigen Istanbul. Anlass war es, bestimmte Glaubensfragen zu „klären". Gelehrte, d.h. sogenannte „Correctores" (Aufsichtsbeamte, Verbesserer) wurden eingesetzt, die zahlreichen frühchristlichen Dokumente über das Leben und die Lehren Jesu' zu sortieren und in ihrem Sinne zu "korrigieren", also zu verändern.

Die Texte der uns heute noch vorliegenden Evangelien sind demzufolge verstümmelt und entstellt bzw. gefälscht, sowie unliebsame Inhalte daraus sogar entfernt worden!

Zu der Zeit kamen dann das Fleischessen und der Alkohol erstmals in der Bibel vor. Aber bis dahin ging noch jedermann davon aus, dass

Jesus und seine Jünger
allesamt Vegetarier waren.

11

Bis ins 4. Jahrhundert zurück verfolgte Spuren besagen unmissverständlich, dass in den frühchristlichen Gemeinden auch das Trinken von Alkohol, neben dem Essen von Fleisch, abgelehnt wurde.

Doch als Kaiser Konstantin in Rom an die Macht kam, hat sich das Blatt total gewendet. Er war ein Herrscher, der sich zwar zum Christentum bekehren ließ und der auch das Christentum zur Staatsreligion machte, doch er war nicht gewillt, auf Fleisch und Wein zu verzichten.

Also entschied er, dass die *römische Form* des Christentums, in seinem Sinne, also nach seinen Regeln, die Religion für *alle* Bürger seines Reiches Anwendung finden sollte.

Diesen entscheidenden Entschluss setzte er auch notfalls unter Gewaltanwendung durch!

Unter der Herrschaft Konstantins mussten sich die ursprünglichen, „wahren" Christen, die sich nicht seiner Auffassung unterordnen wollten, verstecken, denn Konstantin duldete weder Ungehorsam noch Kritik.

Es wird sogar berichtet, dass er gefangene Christen hinrichten ließ, indem ihnen, gemäß römischem Brauches, heißes Blei in die Kehle gegossen wurde.

Auf solche Weise begann sich die neue Form des Christentums unter Kaiser Konstantin und seinen Nachfolgern auszubreiten.

Der Mann aus Nazareth sowie die ersten Christen waren natürlich Tierfreunde und Vegetarier!

Was hat wohl Jesus dazu gesagt?

... und Jesus sagte: *Du sollst nicht töten, und ... gibt doch Gott allen das Leben, und was Gott gegeben hat, soll der Mensch nicht nehmen. Denn wahrlich, ich sage euch, alles, was auf Erden lebt, kommt von der einen Mutter. Wer daher tötet, tötet seinen Bruder. Wer tötet, tötet sich selbst, und wer das Fleisch gemordeter Tiere isst, isst vom Leibe des Todes.*

... tötet nicht, noch esst das Fleisch eurer unschuldigen Beute.

Gottes Ernährungsempfehlung:

Dann sprach Gott:

Hiermit übergebe ich euch alle Pflanzen auf der ganzen Erde, die Samen tragen, und alle Bäume mit samenhaltigen Früchten. Euch sollen sie zur Nahrung dienen.

Genesis 1,29

Oder auch ein Auszug aus dem Friedensevangelium der **Essener,** gibt uns entsprechende Ernährungshinweise:

Siehe, ich habe euch jedes Gras auf Erden gegeben, das da Samen trägt und jeden Baum, dessen Frucht Samen birgt; sie sollen euch zur Nahrung dienen. Und jedem Tier auf Erden und jedem Vogel in den Lüften und allem, was da auf Erden kriecht, allem, in dem der Atem des Lebens ist, gebe ich jedes grüne Kraut zur Nahrung. Doch Fleisch und das Blut, das ihm Leben gibt, sollt ihr nicht essen ...

Die Inhalte belegen die Wichtigkeit der Tierliebe. Wesentlicher Bestandteil des Glaubens war natürlich die Notwendigkeit einer **vegetarischen Ernährungsweise**, die **Reinkarnation** und damit verbunden, das **Karma**. Dies stellte eine Basis des Lebens und des Glaubens dar.

Es wurde von Jesus immer wieder klargestellt, dass die Tiere Geschöpfe Gottes sind und in keiner Weise Eigentum des Menschen. Auch keine Gebrauchsgegenstände, keine Waren, sondern wertvolle und beseelte Wesen Gottes.

Christen, die in der Kreuzigung eine nicht zu beschreibende Schrecklichkeit sehen, müssten doch erst recht in der Lage sein, auch hier die Parallelen zu der Schrecklichkeit des Auslöschens unschuldigen Lebens zu erkennen.

Man kann vieles unbewusst wissen, indem man es nur fühlt, aber nicht weiß.

Fjodor Michailowitsch Dostojewski

Auch heute noch wird allerorts die Botschaft der Liebe und des Mitgefühls herausgestellt, und unmissverständlich behauptet, dies gehöre zur Lehre bzw. Botschaft Jesu'.
Doch Tierfabriken und Schlachthöfe, in denen Abermillionen Tiere ein höchst grausames Leben führen müssen und dann einen gewaltsamen Tod erleiden, sind ja alles andere als ein Symbol des Mitgefühls und der Liebe.

Eine Tatsache ist doch, dass jedes von Gott erschaffene Tier auch Leid und Schmerz empfindet – genau wie wir!
Deshalb sagte Jesus auch:

Was du nicht willst das man dir tu, das füg' auch keinem anderen zu.

Jesus war, wie viele andere damals auch, ein Angehöriger der Essener Gemeinschaft, und

15

bekanntermaßen lebten diese Menschen zu jener Zeit rein vegetarisch! Fleischlos wie die ersten Christen, die natürlich ebenso keine Tieropfer darbrachten.

Weder der Heilige *Augustinus*, noch der Heilige *Antonius*, noch der Heilige *Franziskus* aßen Fleisch, und ebenso wenig die Brüder der von ihnen gegründeten Orden.

Der Gebrauch des Weines hat nach der Sintflut mit dem Fleischessen angefangen. Der Genuss des Tierfleisches war bis zur Sintflut unbekannt – aber seit der Sintflut hat man uns die Fasern und die übelriechenden Säfte des Tierfleisches in den Mund gestopft, wie man in der Wüste dem murrenden, sinnlichen Volke Wachteln zuwarf. Jesus Christus, welcher erschien, als die Zeit erfüllt war, hat das Ende wieder mit dem Anfang [Genesis 1:29] verknüpft, sodass es uns jetzt nicht mehr erlaubt ist, Tierfleisch zu essen ...

Heiliger Hieronymus von Bethlehem

(331–420), Kirchenvater

Doch zum Glück haben die Correctores nicht alle Stellen, die auf eine vegetarische Lebensweise hinwiesen, aus der Bibel gestrichen. Es gibt im Alten Testament noch einige Textstellen, die man wohl übersehen hat, wie

16

zum Beispiel im ersten Kapitel des Buches Daniel:

Daniel war entschlossen, sich nicht mit den Speisen und dem Wein der königlichen Tafel unrein zu machen, und er bat den Oberkämmerer darum, sich nicht unrein machen zu müssen. Der Oberkämmerer sagte aber zu Daniel:

Ich fürchte mich vor meinem Herrn, dem König, der euch die Speisen und Getränke zugewiesen hat; er könnte finden, dass ihr schlechter ausseht als die anderen jungen Leute eures Alters'.

Da sagte Daniel zu dem Mann, den der Oberkämmerer als Aufseher für ihn selbst sowie für Hananja, Mischaél und Asarja eingesetzt hatte:

,Versuch es doch einmal zehn Tage lang mit deinen Knechten! Lass uns nur pflanzliche Nahrung zu essen und Wasser zu trinken geben! Dann vergleiche unser Aussehen mit dem der jungen Leute, die von den Speisen des Königs essen. Je nachdem, was du dann siehst, verfahr' weiter mit deinen Knechten'!

Der Aufseher nahm ihren Vorschlag an und machte mit ihnen eine zehntägige Probe. Am Ende der zehn Tage sahen sie besser und wohlgenährter aus als all' die jungen Leute, die von den Speisen des Königs aßen. Da ließ der Aufseher ihre Speisen und auch den Wein, den sie trinken sollten, beiseite und gab ihnen Pflanzenkost'.

Altes Testament, Daniel 1,8-16

Der Leib, der mit Fleischspeisen beschwert wird, wird von Krankheiten heimgesucht, eine mäßige Lebensweise macht ihn gesünder und stärker und schneidet dem Übel die Wurzel ab. Die Dünste der Fleischspeisen verdunkeln das Licht des Geistes. Man kann schwerlich die Tugend lieben, wenn man sich an Fleischgerichten und Festmahlen erfreut. Unser Tisch muss zum Denkmal der Tafel wahrer Christen dienen.

Basilius der Grosse (329–379)

(Kirchenvater und Erzbischof von Cäsarea)

Die ursprünglichen, „wahren" Christen wurden jetzt gnadenlos verfolgt. Da sie auch weiterhin nach Jesu' Geboten der Einfachheit, Barmherzigkeit und Gewaltlosigkeit lebten, mussten sie sich vor ihren römischen Glaubensbrüdern verstecken.
Sie lehnten es strikt ab, sich dem, nach vorn strebenden, neuen Kirchentum unterzuord-

nen und ließen auch in der „Neuen Zeit" unbeirrt Fleisch und Alkohol fort!

Fehler in der Übersetzung haben zu weiteren erheblichen Missverständnissen beigetragen. So hat Luther z.B. in seiner Übersetzung den Eindruck erweckt, als hätte Jesus ein Lamm zu Ostern gegessen.

Diese recht bekannte Geschichte über das „Osterlamm" hat Luther jedoch falsch wiedergegeben, als er die Einnahme eines harmlosen *„Ostermahls"* beschrieben hat.

Dieses Ostermahl bestand aus Zwiebeln und Tomaten und ungegorenem Wein. Es wurde also, entgegen vieler Behauptungen, rein vegetarisch, ohne ein getötetes Lamm und ohne Alkohol, abgehalten!

Diese weitreichenden Schnitzer sind mittlerweile auch der katholischen Kirche aufgefallen und die «Heilige Schrift» wurde in neuen Bibelübersetzungen teilweise korrigiert.

Papst Benedict XVI hat am 5. April 2007 zum ersten Mal in der Geschichte der katholischen Kirche eingestanden, dass Jesus beim Ostermahl vermutlich doch kein Lamm zu sich genommen hat.

Langsam scheint sich also die Wahrheit vielleicht durchzusetzen. Wobei man zudem bedenken sollte, dass auch die Kirche schon in der Annahme bzw. der Behauptung gründlich irrte, dass die Erde eine Scheibe sei und sich die Sonne um die Erde drehe!

Theologen europaweit haben jetzt den Wunsch Jesu' innerhalb des **„Glauberger Schuldbekenntnisses"** ausgesprochen, sie wollen Tiere respektieren und achten, niemals schlachten:

Wir bekennen vor Gott, dem Schöpfer der Tiere, und vor unseren Mitmenschen;
Wir haben als Christen versagt, weil wir in unserem Glauben die Tiere vergessen haben.
Wir waren als Theologen nicht bereit, lebensfeindlichen Tendenzen in Naturwissenschaft und Philosophie die Theologie der Schöpfung entgegen zu halten.
Wir haben den diakonischen Auftrag, Jesu verraten und unseren geringsten Brüdern, den Tieren, nicht gedient.
Wir hatten als Pfarrer Angst, Tieren in unseren Kirchen und Gemeinden Raum zu geben.
Wir waren als Kirche taub für das Seufzen der misshandelten und ausgebeuteten Kreatur.

Glauberg, Frühjahr 1988

Ich sehe keinen Grund,
warum man Tiere schlachten
und ihr Fleisch essen soll,
da man doch so viel anderes essen kann.
Der Mensch braucht kein Fleisch.

Dalai Lama

Jedes von Gott erschaffene Tier empfindet, wie schon geschrieben, auch Leiden und Schmerzen. In den heutigen Tierfabriken werden die Tiere kastriert, ihnen die Hörner abgeschnitten und die Schnäbel abgehackt - und das meistens ohne Betäubung!

Um möglichst viel Profit zu machen, werden so viele Tiere wie möglich auf kleinstem Raum zusammengepfercht. Sie werden genetisch so verändert, dass viele lahmen, verkrüppelte Beine haben, oder sich die Knochen brechen, da ihre Beine den übergewichtigen Körper nicht mehr tragen können. Schließlich werden sie ohne Wasser und Nahrung, bei Wind und Wetter, in einen höllischen Tod gefahren.

Wenn Tiere wirklich ausschließlich für unseren Verzehr existieren würden, hätte die Schöpfung sie schmerzunempfindlich gemacht, ihnen auch keine Seelen gegeben und sie auf Bäumen wachsen lassen!

Mitgefühl und Respekt für alle, die leiden!

Eine vegetarische Ernährungsweise ist nicht nur gesund, sie erspart den Tieren auch ein unvorstellbares Leid. Wir sollten immer daran denken:

Was wir dem Geringsten antun,

tun wir IHM an.

Geistige Entsprechung der Pandemie

Wie bei jeder „Krankheit", gibt es IMMER eine geistige Entsprechung. Es ist alles andere als ein Zufall, dass die Epidemie ihren Anfang gerade in China nahm.
Hier herrschen die barbarischsten Zustände im Verhalten gegenüber der Schöpfung. So war es auch nur eine Frage der Zeit, wann die Natur nach einem Ausgleich verlangte.

Das Gesetz des Karma greift nicht nur individuell, sondern auch kollektiv, das heißt, es gilt auch in Bezug auf die guten und schlechten Handlungen, die eine ganze Gruppe von Menschen (Familie, Gemeinde, Nation, ja die Bevölkerung eines gesamten Planeten) gemeinsam ausführt oder toleriert.

Wenn die Menschen kollektiv sicherstellen, dass die Schöpfungsgesetze eingehalten werden, profitiert die gesamte Gesellschaft. Wenn jedoch eine Gesellschaft ungöttliche, ungerechte und gewalttätige Handlungen fördert oder zulässt, wird sie unter den entsprechenden kollektiven Karma-Reaktionen zu leiden haben, was sich beispielsweise durch Kriege, Naturkatastrophen, Seuchen oder Epidemien äußern kann.

Das bedeutet in der Praxis:

Auch wer das Tier nicht selbst tötet, sondern diese Arbeit dem professionellen Schlächter überlässt, schneidet sich ins eigene Fleisch; denn gemäß dem Karma-Gesetz bekommen alle Beteiligten – derjenige, der das Tier züchtet, der es tötet, der das Fleisch verkauft, der es kocht, der es serviert und der es isst – entsprechende Karma-Reaktionen.

Mit anderen Worten: Die Würstchenbude oder der Schlachthof um die Ecke, haben weit mehr mit der Bedrohung der Menschheit zu tun, als alle Raketen und Atomwaffen der Welt. **Sie sind ja nicht Ursache der Zerstörung, sondern höchstens das Medium, durch das sich die Zerstörung manifestiert!**
Die Ursache hingegen liegt in den Verstößen des Menschen gegen die, für ihn, geltenden Naturgesetze.

Bedenkt man, dass allein in Deutschlands Vorzeige-Schlachtfabrik Nummer 1, **Tönnies**, **70.000 Schweine Tag für Tag (!)** getötet werden, leuchtet es schnell ein, dass schon allein diese Aktion ein erhebliches Ungleichgewicht bewirkt.
So werden also 70.000 lebende Geschöpfe Gottes tag-täglich ihres Lebens beraubt!

Sich diese Karma-Bürde aufzuladen, ist durchaus mit der Gewissenslast eines Massenmörders gleichzusetzen.

Und Clemens Tönnies brüstet sich auch noch damit, schon mit 6 Jahren sein erstes Schwein geschlachtet zu haben!

Wer soll sich da wundern, dass alles, aber auch alles, auf der Erde ins Trudeln gerät?

Und besonders Menschen, die in Heilberufen arbeiten, sollten sich bewusst werden, dass ein ziemliches Ungleichgewicht entsteht, auf der einen Seite Unterstützung für ihre Arbeit „von Oben" zu erwarten, doch auf der anderen Seite, durch das Essen von Fleisch, bedenkenlos bereit zu sein, andere Leben, ebenfalls von Gottes Schöpfung, zu zerstören.

Bei genauerer Betrachtung bekommt jetzt der Satz, der Mensch sei die Krönung der Schöpfung, eine völlig neue, ja zynische Bedeutung.

Es verdeutlicht ferner, dass diese Aussage nur aus einer unangemessen arroganten Haltung heraus getroffen worden sein kann.

… und hier ein weiterer Versuch, das Pandemiegeschehen zu interpretieren:

Eigentlich wäre es heute längst überfällig, ein verloren gegangenes Gleichgewicht wieder herzustellen, doch stattdessen ist diese Fehlentwicklung leider sogar noch verstärkt worden!
Hervorgerufen nämlich durch die negative Einwirkung der uns zur Verfügung stehenden Farben.
Und das leider nun schon seit vielen Jahrzehnten!

„Was für ein Unsinn!" – werden Sie vielleicht sagen, und vermuten, dies würde sich um einen Scherz handeln!
Sie würden anzweifeln, dass tatsächlich, und auch allen Ernstes, solch' ein Einfluss von den, uns umgebenden, Farben ausgehen könnte?

Ja, aber es ist tatsächlich so!
Wir verzichten leider auf die breite, bunte Farbpalette, die uns die Schöpfung zur Verfügung gestellt hat.
Stattdessen beschränken wir uns auf einige wenige, dunkle und langweilige Nuancen, die das Wort „Farben" gar nicht verdient haben.
Mit dem Resultat, dass sich heute ein nie dagewesener Mangel an Empathie, Nähe und Herzenswärme in unsere Welt eingenistet hat.

Wir müssen mit Grausen beobachten, dass sich zusätzlich noch ein Egoismus sondergleichen überall ausbreitet.

Wenn wir schon unseren Mitmenschen kein Mitgefühl mehr entgegenbringen können, wie sollen wir es dann für die Tiere aufbringen können?

Da waren wir in den Sechzigern schon wesentlich weiter. Bis etwa um 1966/67 sah es in den Herzen der Menschen noch ähnlich düster, wie heute, aus.

Doch dann schrie der Zeitgeist nach Veränderung! Das Verlangen nach Farben lag plötzlich überall in der Luft. Die Jugend der Welt hatte genug von der Tristesse und Farblosigkeit im Inneren und Äußeren.

Man war jetzt durstig nach Buntheit und Vielfalt.

Alles war plötzlich farbenfroh, lebendig und fröhlich. Man konnte das Leben förmlich in allen Poren wieder spüren.

Jeder, der das Pech hatte, in dieser Zeit nicht zwischen 14 und 25 Jahre alt gewesen zu sein, kann es sich kaum vorstellen, was für eine Schwingung damals in der Luft lag!

Die Flower-Power-Bewegung war Ende der sechziger Jahre auf ihrem Höhepunkt angekommen. Das Leben wurde von bunten Farben bestimmt, die eine nie dagewesene Lebendigkeit und Leichtigkeit ausdrückten. Die

Welt war voll im Umbruch und konnte jetzt, doch leider nur kurz, wieder durchatmen!

John Lennon's Rolls Royce and George Harrison's Mini Cooper, 1967

Wir können davon ausgehen, dass jeder Farbe eine bestimmte Schwingungsfrequenz zugeordnet wird. Dieses Wissen dürfte spätestens seit Goethes Farbenlehre der Allgemeinheit bekannt sein.
Die beiden entgegen gesetzten Pole auf der Farbskala sind Schwarz und Weiß.
Sehen wir uns heute einmal das Straßenbild an, so müssen wir erkennen, dass **Schwarz**, **Grau** sowie andere dunkle Farben wieder das gesamte Bild dominieren!

Autos, Mode, Möbel und fast alle anderen Alltagsgegenstände finden wir in diesen dunklen Farben vor. Sie drücken symbolisch nur das aus, was sich in unseren Herzen widerspiegelt. Außerdem zeigen sie uns, wie der Zeitgeist heute unsere Haltung und damit das

29

gesamte Geschehen in Politik und Gesellschaft bestimmt!

Da die Farbe „Schwarz" jedoch am niedrigsten schwingt, werden somit Hass, Neid, Missgunst sowie andere negativen Eigenschaften gefördert.

Es ist von daher also kein Wunder, wenn Schwarz auch nur das abbildet, was zurzeit in der Welt vorherrscht!

Und diese Schwingungen gehen auf das gesamte Kollektiv über. Es betrifft also nicht nur unmittelbar die Menschen, die schwarz tragen, sondern die anderen partizipieren in negativer Weise ebenso hiervon, wenn auch in abgeschwächter Form.

Schwarz kann nicht nur äußerst düster, sondern auch gruselig wirken. So wird die Dunkelheit als Motiv in Horrorfilmen verwendet, um eine Angst einflößende Atmosphäre zu schaffen.

Noch vor wenigen Jahren wurde Schwarz immer als Ausdruck der Trauer getragen. Hatte man in der Familie einen Trauerfall, trug man einige Wochen lang schwarze Kleidung, um dies quasi auch nach außen hin zu zeigen.
Heute ist die ganze Welt sozusagen in einem Dauermodus der Trauer.

Ebenso war es vor Kurzem noch klar, sahen wir Menschen, die ganz und gar in Schwarz gekleidet, dazu noch Schwarz geschminkt waren, dass es sich um sogenannte Satanisten handelte.

Wir können uns also ein Bild davon machen, was uns hierdurch an Vielfältigkeit und Lebendigkeit verlorengeht, wenn wir auf das weite Spektrum vieler bunter Farben verzichten.

Eine ähnliche Wirkung auf den Menschen hat aber auch **Grau**.
Doch Grau ist eigentlich gar keine Farbe!
Grau versprüht alles andere als den heute so dringend benötigten Optimismus und Lebensfrische.
Grau ist unauffällig und wird auch mit Langeweile, Unsicherheit und Lebensangst in Verbindung gebracht. Grau wirkt erstickend und ruft Gefühle von Unbeweglichkeit und Trostlosigkeit hervor.
Grau kann ferner als Symbol für Trübsinn, Pessimismus und Alter gesehen werden. Es steht auch für Leblosigkeit, Melancholie und Lebensunlust.
Weitere negative Assoziationen sind ein abweisendes, angepasstes und biederes Verhalten.
Grau verstärkt Einsamkeit, Gefühllosigkeit, Gleichgültigkeit, Langeweile und Leere.

Aber auch Nüchternheit, Unfreundlichkeit und Unsicherheit wird durch diese niedrige Schwingung unterstützt.
Von daher liegt es nur auf der Hand, dass wir eine Entsprechung dieser Farbe in Redewendungen des Alltags wiederfinden, wie zum Beispiel:
Die graue Maus, nachts sind alle Katzen grau, Grauimporte, Graue Eminenz oder Grauzone.

Weitere Negativassoziationen durch die Farbe Grau, sind Worte wie:
Finsternis, Empathielosigkeit, Verschleierung, depressiv und emotionslos.
Ebenso steht Grau für Distanz und Trennung. Wer Grau bevorzugt, will sich distanzieren, will seine Gefühle und Gedanken verbergen.

Betritt man heute die Wohnzimmer vieler Menschen, fällt der Blick auf farblose, graue Wohnlandschaften, die all' die oben aufgeführten Eigenschaften widerspiegeln.

Von Herzenswärme und Mitmenschlichkeit ist dort leider nur noch wenig zu spüren – oder?
Auch mit der heutigen Musik verhält es sich kaum anders. Durch enge Vorgaben wie strikte Quoten, entsteht ein beliebiger Einheitsbrei, der in keiner Weise mehr an die Phantasie, Vielfalt und Fröhlichkeit, wie wir sie in den 60-igern noch vorfinden konnten, erinnern lässt.

Die Musikindustrie nimmt dem Künstler bereits jegliche Kreativität, indem sie, angefangen durch eine vorgeschriebene Länge der Intros, und durch weitere enge Vorgaben eine, sich entwickelnde Phantasie verhindert und sie stattdessen im Keim ersticken lässt!

Durch solch' eine Vorgehensweise könnte natürlich niemals wieder etwas Bleibendes für die Nachwelt in den kommenden Jahrhunderten geschaffen werden.

Wir sehen also, dass eine Summe aus Fleischessen bzw. das Töten von Lebewesen, sowie ein falscher Gebrauch der uns umgebenden Farben, als auch die Musik, die wir täglich hören, viel mehr Einfluss auf unser Leben hat, als wir uns zunächst vorstellen können!

Und sie hängen wiederum alle mit einer Fehlentwicklung, die die Menschheit leider in entgegen gesetzte Richtung führt, zusammen.

Inzwischen wird Letzteres auch von vielen Seiten beklagt!

Je häufiger die dunklen Farben anzutreffen sind, desto hartnäckiger wird sich diese negative Schwingung auch in der Welt verbreiten und sich schließlich dort einnisten können.

Was wir hier, im Materiellen, vorfinden, ist spiegelbildlich immer auch im Geistigen anzutreffen!

- - - - -

Als Hörversionen sowie als Taschenbuch erhältlich.

MEINE HORRORZEIT IM KINDERGARTEN

Rainer Lange
Sprecher: Armin Garske

MIT EINEM BEIN IM JENSEITS

RAINER LANGE
SPRECHER: ARMIN GARSKE

Mit dem Dreirad nach AMERIKA

Rainer Lange
Sprecher: Armin Garske

Rainer Lange
Sprecher: Armin Garske

DIABETES, nein danke!

Rainer Lange

4. Auflage

Vegetarier braucht die Welt!

www.Rainer-Lange.org

Rainer Lange

2. AUFLAGE

MEIN LEBEN MIT DEN BEATLES

Wie ICH die Sixties erlebt habe

Rainer Lange

4. Auflage

...TUMOR
ist wenn man
trotzdem lacht!

www.Rainer-Lange.org

Rainer Lange

Wie funktioniert
ein Leben mit
GOTT ?

Der Sinn vom Leben
und vom Sterben
Vom Diesseits und vom Jenseits